NOTICE

SUR

LA FAMILLE

MARESCHAL DE LONGEVILLE

ANCIENS SEIGNEURS

DE LONGEVILLE, VUILLAFANS-L'ÉTOILE

ET AUTRES LIEUX

EN FRANCHE-COMTÉ

1909

TOURS

MAISON A. MAME ET FILS

IMPRIMEURS

NOTICE SUR LA FAMILLE

MARESCHAL DE LONGEVILLE

NOTICE

SUR

LA FAMILLE

MARESCHAL DE LONGEVILLE

ANCIENS SEIGNEURS

DE LONGEVILLE, VUILLAFANS-L'ÉTOILE

ET AUTRES LIEUX

EN FRANCHE-COMTÉ

1909

TOURS

MAISON A. MAME ET FILS

IMPRIMEURS

Armes : D'azur à un chevron d'or, accompagné en tête de deux coquilles de même, et en pointe d'un croissant d'argent.
Supports : Deux lions.

Copie de l'Armorial, dressé en 1823, par d'Hozier, jusqu'au 9° degré.

Avant-propos

Cette famille a justifié de sa noblesse pour son admission, en 1662, aux États généraux de la Franche-Comté devant la Chambre de Messieurs de la Noblesse, convoqués pour la tenue desdits États généraux, et depuis, devant le Juge d'armes de France, pour être pourvue, en la personne de François-Emmanuel Mareschal de Longeville, d'un Office de Chevalier d'honneur en la Chambre des comptes de Dôle.

Ier Degré

Catherin Mareschal, écuyer, fils de Pierre Mareschal vivant l'an 1473, secrétaire de Charles, duc et comte de Bourgogne, eut de son mariage avec demoiselle Jeanne de la Plume, fille d'Outevin de la Plume, écuyer :

IIe Degré

Jean Mareschal, écuyer, qui épousa demoiselle Anne Ratte, duquel mariage naquit :

IIIe Degré

François Mareschal, écuyer, marié à demoiselle Antoinette David. Ils eurent pour fils :

IVe Degré

Noble François Mareschal, qui fut accordé le 27 octobre 1624 avec demoiselle Georgine Courlet, fille de Jean Courlet, conseiller en la ville de Pontarlier, et de demoiselle Claudine Cécile, par contrat passé à Luxuremont devant Hugues Vormot, tabellion général en Bourgogne. Par délibération faite le 13 décembre 1642 dans le conseil de la cité impériale de Besançon, il fut admis au nombre des citoyens de ladite cité. De ce mariage est né :

Ve Degré

Noble Désiré Mareschal, lequel est dit fils de noble François Mareschal, seigneur de Longeville et de demoiselle Georgine Courlet, sa femme, dans son contrat de mariage accordé le 16 décembre 1651, avec demoiselle Denise Richard, fille de noble Julien Richard, seigneur de Villers-Vaudey, etc. et de demoiselle Claudine Richardot, devant Claude Gallet, notaire à Dôle. Par délibération faite à Dôle le 3 juin 1662, en la Chambre de Messieurs de la Noblesse, convoqués pour la tenue des États généraux de la Franche-Comté, il y fut admis pour avoir séance et voix délibérative comme les autres gentilshommes de la province, en conséquence de ce qu'il avait prouvé par titres suffisants être issu de Pierre Mareschal, secrétaire de Charles, duc et comte de Bourgogne en 1473, dont le fils noble Catherin Mareschal fut annobli par l'empereur Charles-Quint. Il fit son testament en la date du 13 septembre 1667, dans lequel il est qualifié auditeur en la Chambre des comptes de Dôle. Il eut, entre autres enfants :

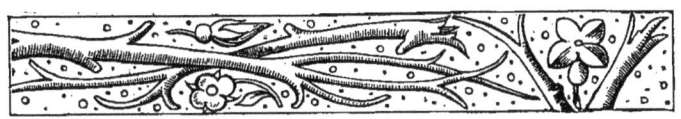

VIe Degré

Noble Jean-François Mareschal, seigneur de Longeville, qui épousa par contrat passé à Dôle, le 24 septembre 1686, demoiselle Françoise Garnier, fille de noble Hugues Garnier, seigneur de Parcey, et de dame Jeanne-Sébastienne Boisvin, fille de Claude Boisvin, premier président du Parlement de Dôle. De ce mariage naquirent, entre autres enfants :

1° Claude-Joseph Mareschal qui suit.

2° François-Désiré Mareschal, écuyer, conseiller-maître en la Chambre des comptes et Cour des aides de Franche-Comté, né le 11 mai 1702 et marié, par contrat passé à Dôle le 11 mars 1741, à Anne-Élisabeth, fille d'Antoine-Edme Perrin, seigneur de Saux, conseiller honoraire au Parlement de Besançon, et de Marie-Jacqueline Espiard, dame de Saux dont sont issus :

I. — Claude-François Mareschal, né le 18 juillet 1744, religieux profès de l'ordre de Cîteaux, décédé à Dôle le 27 mars 1801.

II. — Madeleine Mareschal, née le 22 juillet 1745 et mariée le 25 juin 1777 à François Perrin de Saux, son cousin germain.

III. — François-Désiré Mareschal, né à Dôle le 21 août 1751, marié le 17 mars 1773 à demoiselle Suzanne-Victoire-Philippe de Mesmay, morte le 6 juillet 1785, sans enfants.

VIIe Degré

Noble messire Claude-Joseph Mareschal, seigneur de Longeville, Vuillafans, etc., conseiller au Parlement de Besançon, né en 1691, fut accordé le 18 décembre 1721, avec demoiselle Claudine Pajot, fille de Claude-Philibert Pajot, conseiller du roi, trésorier de ses finances aux bailliages de Lons-le-Saunier et d'Orgelet, et dame Claudine Pacard, par contrat passé devant Meynier, notaire à Besançon. De leur mariage sont issus, entre autres enfants :

1° François-Marie Mareschal, dont l'article suit.

2° François-Emmanuel Mareschal, écuyer, ancien mousquetaire, né le 10 mars 1733, reçu Chevalier d'honneur à la Chambre des comptes de Dôle, sur preuves de sa noblesse justifiées devant le Juge d'armes de France le 4 mai 1762 ; marié à dame Jeanne-Françoise de Chaillot, fille de messire Christophe-Ignace de Chaillot, président à mortier au Parlement de Besançon, et de dame Jeanne-Honorantine Richard de Villers-Vaudey, dont sont issus :

I. — Claude-Louis-Maximilien Mareschal, qui n'est pas marié.

II et III. — Deux filles mariées qui ont des enfants.

VIIIe Degré

François-Marie Mareschal, écuyer, seigneur de Longeville, l'Étoile et autres lieux, commissaire du roi pour les salines de Franche-Comté, conseiller au parlement de Besançon en 1753, obtint des lettres d'honneur en 1771 ; il épousa, par contrat du 8 juin 1768, demoiselle Philiberte-Gabrielle de Mouret, fille de messire Denis-Ignace de Mouret, seigneur de Châtillon, président à mortier au parlement de Besançon, et de dame Louise-Emilienne Durand d'Auxy. De ce mariage sont nés :

1° Denise-Claudine-Sophie Mareschal.

2° Joseph-Gabriel-Désiré Mareschal qui a continué la descendance.

3° Françoise-Désirée-Émilie Mareschal, mariée à Pierre-Charles de Richard d'Ivry, écuyer, major de cavalerie, chevalier de Saint-Louis, morte sans enfants.

4° Joseph-Marie-Élisée Mareschal, capitaine de cavalerie, chevalier de Saint-Louis, marié à Anne-Marie-Justine Desbiez, fille de N. Desbiez, écuyer, major de cavalerie, commandant pour le roi au fort de Saint-André de Salins, chevalier de Saint-Louis, et de N... de Colmont, lesquels ont un fils, Philibert-Maximilien Mareschal, né le 4 janvier 1806, mort le 24 décembre 1879, à Givry (Saône-et-Loire).

5° Philiberte-Éléonore-Constance-Victoire Mareschal, mariée à Claude-François-Catherin Tricalet de Taxenne, écuyer, son cousin germain, qui a laissé en mourant une fille unique :

Marie-François-d'Assise-Eulalie Tricalet de Taxenne, mariée à Trophime Courtot de Cissey.

De ce mariage, une fille mariée à N. de Girval a laissé un fils nommé René, marié à mademoiselle Isaure Pelletrat de Borde.

IXe Degré

Joseph-Gabriel-Désiré Mareschal de Longeville, écuyer, a émigré, a fait la campagne de 1793 à l'armée de Condé, a servi dans l'armée des princes, dans la seconde compagnie noble d'Ordonnance. Il fut nommé par le roi, suivant un brevet de Sa Majesté donné à Paris le 19 mars 1817, capitaine de cavalerie et chevalier de Saint-Louis par lettre du 12 mars précédent. Il avait épousé, par contrat passé devant Catron, notaire à Louhans, le 28 juin 1802, demoiselle Marie-Charlotte-Françoise de la Rodde, chanoinesse du chapitre noble de Neuville, fille de Marie-Étienne-Charles-Louis, comte de la Rodde, écuyer, ancien capitaine de cavalerie, et de dame Marie-Charlotte-Rose de la Garde de Chambonnas, dont il a eu un seul enfant :

Philibert-Gustave Mareschal de Longeville, né à Lavigny (Jura), le 11 nivôse de l'an XII (2 janvier 1804) qui suit [1].

---

[1] Ici s'arrête la généalogie dressée par d'Hozier. On lit à la suite : « Le présent article généalogique, dressé par nous Ambroise-Louis-Marie d'Hozier, chevalier, vérificateur des armoiries de France, ancien président de la Cour des comptes, aides et finances de Normandie, et Juge d'armes de France, à Paris, le 10 mars 1823. Signé : d'Hozier. — Pour copie conforme à la minute existant dans notre cabinet, laquelle nous avons signée, après y avoir fait apposer le sceau de nos armes. A Paris le 13 septembre 1826. Signé : d'Hozier. »

Cette copie, légalisée, se trouve entre les mains du chef actuel de la famille.

Xe Degré

Philibert-*Gustave* Mareschal de Longeville, né à Lavigny (Jura), le 2 janvier 1804, fils de Joseph-Gabriel-*Désiré* Mareschal de Longeville et de Marie-Charlotte-Françoise de la Rodde, mort à Besançon, le 5 janvier 1886, épouse, le 10 juin 1828, *Zénaïs*-Marguerite Clérambault de Vendeuil, née le 13 février 1808, morte à Besançon, le 8 mai 1892, fille d'Albert Clérambault, marquis de Vendeuil, chevalier de Saint-Louis, et d'Augustine Jehannot de Bartillat.

De ce mariage sont issus :

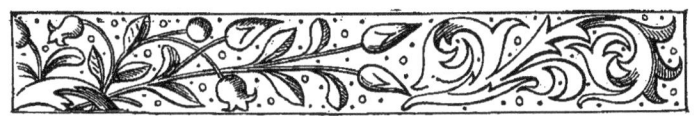

XIe Degré

1° *Marie*-Augustine-Mareschal de Longeville, née à Paris, le 22 juin 1829, morte à Besançon, le 20 avril 1899, épouse, le 20 mars 1851, Joseph-*Roger*-Gaspard Durand de Gevigney, mort le 13 avril 1859.

2° Marie-*Désiré* Mareschal de Longeville, né en 1831, mort en bas âge.

3° Marie-Denis-*Charles* Mareschal de Longeville, né à Paris, le 13 avril 1832, religieux de l'Ordre des Frères Mineurs capucins, sous le nom de Père Jean, mort à Besançon, le 17 février 1906.

4° Marie-Louis-*Paul*, comte Mareschal de Longeville de la Rodde, né à Besançon, le 3 avril 1834, épouse en premières noces, le 28 mars 1859, Marie-*Anna* de Wangen de Géroldseck, morte à Besançon, le 21 janvier 1863, et en secondes noces, le 11 juillet 1864, Adélaïde-*Marie* Carrelet de Loisy, morte à Montcony (Saône-et-Loire), le 30 avril 1900.

5° Marie-Maximilien, dit *Max* Mareschal de Longeville, né à Pressy-sous-Dondin (Saône-et-Loire), le 29 mars 1836, mort à Besançon, le 6 mars 1890, chevalier de la Légion d'honneur, épouse, le 12 août 1862, Victoire-Augustine-*Athénaïs* du Puy de Semur, morte à Pressy-sous-Dondin, le 19 mai 1898.

6° Marie-Émilie-Eugénie-*Caroline* Mareschal de

Longeville, née à Besançon, le 10 mars 1839, épouse, le 6 janvier 1856, *Ferdinand*-Alexis-Marie Arnoulx de Pirey, mort à Maizières (Doubs), le 7 juin 1897.

7° Marie-*Guy* Mareschal de Longeville, né à Pressy-sous-Dondin, le 23 juin 1841, épouse, le 6 juillet 1867, *Marguerite*-Mélanie-Marie Malotau de Guerne.

8° Marie-*Albert*, né en 1844, mort en bas âge.

XIIe Degré

1° Enfants de *Marie*-Augustine Mareschal de Longeville et de Joseph-*Roger*-Gaspard Durand de Gevigney :

I. — Marie-Joséphine-*Marguerite* Durand de Gevigney, née à Besançon, le 5 janvier 1852, morte Carmélite à Besançon, le 8 novembre 1893.

II. — Marie-Augustine-*Lucie*, née à Besançon, le 27 décembre 1853, épouse, en janvier 1874, Jean-Baptiste-*Arthur* d'Orival de Fontenelay, magistrat, mort à Serre-les-Sapins (Doubs), le 3 mars 1899.

III. — Jean-Paul-Marie-*Hector* Durand de Gevigney, né à Besançon, le 6 novembre 1855, épouse, le 20 mai 1884, Joséphine-Andrée-Marie, dite *Amicie*, de Rivérieulx de Varax.

4° Enfants de Marie-Louis-*Paul*, comte Mareschal de Longeville de la Rodde et de :

1° Marie-*Anna* de Wangen de Géroldseck :

IV. — Marie-Philippe-Eugène, comte Eugène Mareschal de Longeville de la Rodde, né à Strasbourg, le 15 août 1862, épouse, le 12 avril 1888, *Henriette*-Joséphine-Émilie de Chabons.

2° Adélaïde-*Marie* Carrelet de Loisy :

V. — Marie-Gustave-*Olivier*, vicomte Mareschal de

Longeville de la Rodde, né à Besançon, le 25 avril 1865, épouse, le 11 juin 1902, Antoinette-*Jeanne* des Ulmes.

VI. — *Anne*-Marie, dite Anna, Mareschal de Longeville de la Rodde, née à Besançon, le 18 juin 1866, épouse, le 29 juillet 1891, Ludovic, vicomte de Lavernette Saint-Maurice.

VII. — Marie-Philibert-*Hugues*, vicomte Hugues Mareschal de Longeville de la Rodde, né à Besançon, le 1er juin 1867, épouse, le 3 octobre 1900, Marie de Buchet.

VIII. — Marie-Joseph-*Henri*, vicomte Henri Mareschal de Longeville de la Rodde, né à Montcony, le 23 février 1869, épouse, le 11 février 1904, Agnès de Jouffroy-Gonsans.

IX. — Marie-Marguerite-*Émilie* Mareschal de Longeville de la Rodde, née à Montcony, le 2 octobre 1870, entrée chez les Filles de la Charité le 16 juin 1898.

5° Enfants de Marie-*Maximilien* Mareschal de Longeville et de Victoire-Augustine-*Athénaïs* du Puy de Semur :

X. — Marie-Adélaïde-*Antonie* Mareschal de Longeville, née à Pressy-sous-Dondin, le 19 juin 1863, épouse, le 15 octobre 1895, Jacques-*François*-Marie-Antoine, comte de Chastenet de Puységur.

XI. — Marie-*Louise*-Marguerite Mareschal de Longeville, née à Pressy-sous-Dondin, le 25 octobre 1864, entre chez les Filles de la Charité le 17 janvier 1885.

XII. — Marie-Henri-*Philibert* Mareschal de Longeville, né à Pressy-sous-Dondin, le 22 juin 1867, mort à Menton, enseigne de vaisseau, le 5 janvier 1895.

6° Enfants de Marie-Émilie-Eugénie-*Caroline* Mareschal de Longeville et de *Ferdinand*-Charles-Alexis-Marie Arnoulx de Pirey :

XIII. — *Charles*-Léopold-Marie-Philippe Arnoulx de Pirey, officier de cavalerie, né à Pressy-sous-Dondin, le 13 avril 1857.

XIV. — Augustine-Marie-*Clémence* Arnoulx de Pirey, née à Pressy-sous-Dondin, le 22 juillet 1858.

XV. — *Antoinette*-Marie-Thérèse Arnoulx de Pirey, née à Besançon, le 27 novembre 1859, épouse, le 26 avril 1882, Marie-Étienne-*Léon* Maulbon d'Arbaumont, chef d'escadron de cavalerie, chevalier de la Légion d'honneur.

XVI. — *Philibert*-François-Marie Arnoulx de Pirey, né à Besançon, le 7 janvier 1862, épouse, le 18 mai 1892, *Jeanne*-Marie-Léontine Carré de Châteaurenault d'Aligny.

XVII. — *Marie*-Sophie Arnoulx de Pirey, née à Maizières le 18 juin 1863, épouse, le 11 février 1892, Marie-Albert-Georges, comte Georges de Froissard-Broissia, lieutenant-colonel d'infanterie coloniale, chevalier de la Légion d'honneur.

XVIII. — *Gustave*-Marie-Paul Arnoulx de Pirey, né à Maizières, le 21 avril 1865, officier d'infanterie, épouse, le 31 mai 1897, Joséphine-Élise-Albertine-*Marie* de Bonfils.

XIX. — *Maximilien*-Marie-Paul Arnoulx de Pirey, né à Maizières, le 6 mai 1867, missionnaire des Missions étrangères, parti pour l'Annam en 1891.

XX. — *Alfred*-Marie Arnoulx de Pirey, officier d'infanterie coloniale, né à Maizières, le 8 mars 1869.

XXI. — *Léopold*-Philibert-Marie-Philippe Arnoulx de Pirey, né à Maizières, le 20 juin 1871, officier de cavalerie, épouse, le 18 septembre 1900, *Marguerite*-Marie de Sambucy de Sorgues.

XXII. — *Henri*-François-Marie Arnoulx de Pirey, né à Maizières, le 5 juillet 1873, missionnaire des Missions étrangères, parti pour l'Annam en 1897.

XXIII. — *Albert*-Marie-Joseph Arnoulx de Pirey, officier de cavalerie, né à Maizières, le 16 décembre 1874, épouse, le 10 avril 1907, Anne de l'Hermite.

XXIV. — *Louise*-Marie-Josèphe-Augustine Arnoulx de Pirey, née à Maizières, le 13 février 1877.

XXV. — *Marguerite*-Marie-Colette Arnoulx de Pirey, née à Maizières, le 22 février 1879.

XXVI. — *Jeanne*-Marie-Eugénie-Antonie Arnoulx de Pirey, née à Maizières, le 13 janvier 1881, épouse, le 18 août 1904, Henri-Irma-*Léonard*, comte de Mézamat de Lisle, officier de cavalerie.

7° Enfants de Marie-*Guy* Mareschal de Longeville et de Marguerite-Mélanie-Marie Malotau de Guerne.

XXVII. — *Marie*-Augustine-Désirée-Josèphe Mareschal de Longeville, née à Lavigny, le 19 septembre 1868, épouse, le 16 juin 1890, Paul-*Henry* Putecotte, comte de Renéville.

XXVIII. — Marie-Marguerite-*Suzanne* Mareschal de Longeville, née à Besançon, le 28 février 1870, épouse, le 20 juin 1894, *Louis*-Mathilde, comte de Vaulchier du Deschaux, enseigne de vaisseau, mort au Deschaux, le 20 juin 1900.

XXIX. — Marie-Dominique-Philibert-*Jean* Mareschal de Longeville, né à Lavigny, le 15 juin 1872, épouse, le 7 septembre 1904, Thérèse-*Marguerite* de Martène.

XXX. — Marie-Pie-Mélanie-*Madeleine* Mareschal de Longeville, née à Lavigny, le 7 décembre 1879, épouse, le 6 juillet 1901, le vicomte François de Vaulchier du Deschaux.

XIIIᵉ Degré

II. — Enfants de Marie-Augustine-*Lucie* Durand de Gevigney et de Jean-Baptiste-*Arthur* d'Orival de Fontenelay.

1° Xavière-Julia-*Marie*, née à Besançon, le 16 janvier 1875.

2° Félicie-Augustine-Marie-*Marguerite*, née à Besançon, le 15 septembre 1876.

3° Zénaïs-Adrienne-Marie-*Gabrielle*, née à Besançon, le 23 août 1878.

4° Marie-Anne-Esther-*Marthe*, née à Besançon, le 15 avril 1880.

5° Marie-Thérèse-Léonie-*Isabelle*, née à Serre-les-Sapins, le 2 septembre 1882, morte à Belfort, le 24 novembre 1896.

6° Max-Marie-*Jean*, né à Belfort, le 11 novembre 1885, entré chez les Jésuites en 1903.

7° Henriette-Marie-*Madeleine*, née à Belfort, le 3 octobre 1887, entrée chez les Petites Sœurs des Pauvres en 1908.

8° Marie-François-Richard-*Henri*, né à Belfort, le 4 mai 1890, mort à Serre, le 10 décembre 1906.

9° Marie-Marguerite-Jeanne-*Élisabeth*, née à Belfort, le 19 novembre 1893.

III. — Enfants de Jean-Paul-Marie-*Hector* Durand

de Gevigney et de Joséphine-Andrée-Marie (dite Amicie) de Revérieulx de Varax.

1° Marie-Gustave-Louis-*Roger*, né à la Duchère (près Lyon), le 2 septembre 1885.

2° *Marie-Thérèse*-Andrée, née à Besançon, le 17 mai 1887.

3° Marie-Emmanuelle-*Marguerite*, née à Besançon, le 30 janvier 1889.

4° Marie-Albert-*Bernard*, né à Besançon, le 18 novembre 1890, entré chez les Jésuites en 1908.

5° Marie-Amicie-*Paule*, née à Besançon, le 24 novembre 1892.

6° Marie-Lucien-*Henri*, né à la Duchère, le 24 octobre 1894.

7° Marie-*Françoise*, née à Besançon, le 30 janvier 1896.

8° Marie-Caroline-*Louise*, née à Besançon, le 2 juillet 1899.

IV. — Enfants de Marie-Philippe-*Eugène*, comte Eugène Mareschal de Longeville de la Rodde, et de *Henriette*-Joséphine-Émilie de Chabons.

1° Marie-François-*Paul*, né à Besançon, le 22 juillet 1889.

2° Marie-Émilien-*Gabriel*, né à Besançon, le 9 mai 1890.

V. — Enfants de Marie-Gustave-*Olivier*, vicomte Mareschal de Longeville de la Rodde, et de Antoinette-*Jeanne* des Ulmes.

1° *Anne-Marie*-Paule, née à Dijon, le 18 mai 1903.

2° Georges-Marie-*Bernard*, né à Moulins, le 1ᵉʳ mai 1905.

3° *Nicole*-Marie-Antoinette, née à Moulins, le 13 juin 1908.

VI. — Enfants d'*Anne*-Marie Mareschal de Longeville de la Rodde et de Ludovic, vicomte de Lavernette-Saint-Maurice.

1° André-Marie-*Henri*, né à Montcony, le 12 juillet 1892.

2° Paule-Émilie-Marie-*Marthe*, née à Montcony, le 7 septembre 1893.

3° Marie-Joseph-*Anatole*, né à Montcony, le 1er novembre 1894.

4° Eugène-Marie-*Gonzague*, né à Burnand, le 13 mars 1897.

5° *Marie-Thérèse*, née à Montcony, le 25 avril 1901.

VII. — Enfants de Marie-Philibert-*Hugues*, vicomte Hugues Mareschal de Longeville de la Rodde, et de Marie de Buchet.

1° Marie-*Jean*, né à Gy, en octobre 1901, mort à Auvillars, le 9 septembre 1902.

2° *Marie-Louise*, née à Gy, le 21 septembre 1903

3° Marie-Marthe-*Yvonne*, née à Auvillars, le 2 mai 1908.

XV. — Enfants de *Antoinette*-Marie-Thérèse Arnoulx de Pirey et de Marie-Étienne-*Léon* Maulbon d'Arbaumont.

1° *Renée*-Philiberte-Marie-Thérèse-Colette, née à Auxonne, le 8 mars 1885, épouse, le 18 mai 1908, André, vicomte de Brauer.

2° *Jean*-Marie-Philippe-Édouard, né à Verdun, le 16 mars 1891.

3° *Édouard*-Marie-Charles-Amédée, né à Vienne (Isère), le 29 mai 1895.

XVI. — Enfants de *Philibert*-François-Marie Arnoulx de Pirey et de *Jeanne*-Marie-Léontine Carré de Châteaurenault d'Aligny :

1° Ferdinand-Marie-Charles-Lazare-Joseph, né à Besançon, le 30 novembre 1902.

2° *Marie-Louise*-Caroline-Éléonore-Lazare-Josèphe, née à Besançon, le 5 septembre 1905.

XVII. — Enfants de *Marie*-Sophie Arnoulx de Pirey et de Marie-Albert-Georges, comte Georges de Froissard-Broissia.

1° *Claude*-Marie-Joseph, né à Maizières, le 13 mars 1893.

2° *Michel*-Marie-Ferdinand-Joseph, né au camp de Balata (Martinique), le 2 octobre 1894.

3° *Louis*-Marie-Joseph, né à Maizières, le 5 février 1896.

4° *Joseph*-Marie-Charles, né à Maizières, le 8 novembre 1897, mort à Maizières, le 1er avril 1898

5° *Marie-Françoise*-Josèphe, née à la Seyne, le 17 septembre 1899.

6° *Ferdinand*-Marie-Joseph, né à Maizières, le 7 décembre 1900.

7° *Édouard*-Marie-Joseph-Noël, né à Thise (Doubs), le 2 janvier 1903.

8° *André*-Marie-Joseph, né à Maizières, le 18 mai 1904.

9° *Noélie*-Marie-Josèphe, née à Champagne-sur-Vingeanne (Côte-d'Or), le 4 mars 1909, morte à Champagne, le 29 mars 1909.

XVIII. — Enfants de *Gustave*-Marie-Paul Arnoulx de Pirey et de *Marie*-Joséphine-Élise-Albertine de Bonfils.

1° *Marie-Antoinette*-Caroline-Joséphine-Clémence, née à Maizières, le 18 août 1899.

2° *Charles*-Ferdinand-Marie-Joseph-Albert, né à Maizières, le 4 septembre 1900.

3° *Chantal*-Clémence-Joséphine-Marie, née à Dijon, le 11 juillet 1902.

4° *Maximilien*-Louis-Albert-Marie, né à Tillenay (Côte-d'Or), le 6 août 1904.

5° *Jean*-Marie-Joseph, né à Maizières, le 24 octobre 1906.

6° *Gonzague*-Marie-Joseph, né à Maizières, le 5 septembre 1908.

XXI. — Enfants de *Léopold*-Philibert-Marie-Philippe Arnoulx de Pirey et de Marguerite de Sambucy de Sorgue.

1° *Bernard*-Charles-Adrien-Ferdinand-Marie, né à Cazèles (Aveyron), le 21 août 1901.

2° *Simonne*-Adrienne-Nathalie-Caroline-Marie, née à Gray, le 4 février 1903.

3° *Geneviève*-Paule-Gillette-Marie, née à Gray, le 29 février 1904.

4° *Odette*-Antoinette-Adèle-Marie, née à Gray, le 15 mai 1905

5° *Maurice*-Philibert-Marie-Joseph, né à Gray, le 2 janvier 1907.

6° *Germaine*-Marie-Clémence-Colette, née à Gray, le 26 août 1908.

XXIII. — Enfants d'*Albert*-Marie-Joseph Arnoulx de Pirey et de Anne de l'Hermite.

1° *Claire*-Caroline-Agnès-Marie, née à Tarascon, le 21 janvier 1908.

XXVI. — Enfants de *Jeanne*-Marie-Eugénie-Antonie Arnoulx de Pirey et de Henri-Irma-*Léonard*, comte de Mézamat de Lisle.

1° *Caroline*-Marie-Henriette-Josèphe, née à Maizières, le 14 juillet 1905.

2° *Marie*-Esther-Charlotte-Josèphe, née à Maizières, le 16 août 1906.

3° *Charles*-Paul-Céline-Marie, né à Maizières, le 17 août 1907.

4° Clotilde-Jeanne-Guy-Elodie-Joseph-Marie, née à Bordeaux, le 16 mars 1909.

XXVII. — Enfant de *Marie*-Augustine-Désirée-Josèphe Mareschal de Longeville et de Paul-*Henry*-Putecotte de Renéville.

Antoinette-Marie-*Colette*, née à Grenoble, le 5 avril 1894.

XXVIII. — Enfants de Marie-*Marguerite*-Suzanne Mareschal de Longeville et de Louis-Mathilde, comte de Vaulchier du Deschaux.

1° Louis-Anne-Marie-*Marguerite*, née à Lorient, le 8 novembre 1895.

2° Anne-Marie-Guy-Josèphe-*Alix*, née au Deschaux, le 19 mars 1897.

3° Charles-Anne-*Marie*, née à Lavigny, le 27 août 1898.

4° Anne-Marie-Paul-*Louis*, né au Deschaux, le 27 novembre 1899.

XXIX. — Enfants de Marie-Dominique-*Jean* Mareschal de Longeville et de Thérèse-*Marguerite* de Martène :

1° Thérèse-*Anne-Marie*, née à Lavigny, le 7 mai 1907.

2° Marguerite-Marie-*Germaine*, née à Lavigny, le 2 février 1909.

XXX. — Enfants de Marie-Pie-Mélanie-*Madeleine* Mareschal de Longeville et de François, vicomte François de Vaulchier du Deschaux.

1° *Louis*-Anne-Marie-Marguerite, né à Lamballe, le 21 octobre 1902.

2° *Guy*-Alix-Marie, né à Saint-Lô, le 1ᵉʳ septembre 1904.

3° Charles-*Marie-Cécile*, née à Lavigny, le 7 février 1906.

4° Paul-Élisabeth-Marie-*Philippe*, né à Cluny, le 27 avril 1908.

XIVe Degré

Enfants de *Renée*-Philiberte-Marie-Thérèse-Colette Maulbon d'Arbaumont et de André, vicomte de Brauer :

1° Marie-Jean-François-*Joseph*, né à Scey-en-Varais (Doubs), le 29 août 1909.

33897. — TOURS, IMPR. MAME

www.ingramcontent.com/pod-product-compliance
Lightning Source LLC
Chambersburg PA
CBHW062012070426

42451CB00008BA/666